DAS KIRCHENJAHR

den Kindern erklärt

von Beate Steitz-Röckener

mit Bildern von Andreas Röckener

Agentur des Rauhen Hauses Hamburg
Verlag Butzon & Bercker Kevelaer

Lieber Gott

Ein neues Jahr beginnt.
Ich freue mich auf alles Schöne,
was ich erleben werde.

Auf den Sommer und die Ferien.
Auf meinen Geburtstag und
auf die vielen schönen Feste.

Ich bin neugierig auf die Schule,
aber manchmal habe ich auch
ein bißchen Angst davor.

Darum bitte ich dich,
lieber Gott,
behüte und beschütze
mich und meine Familie
auf allen unseren Wegen
durch das neue Jahr.
Amen.

Kirchenjahr und Kalenderjahr

Unser Jahr hat zwölf Monate. Es beginnt im Januar und endet im Dezember.

Im Laufe des Jahres erleben wir verschiedene Jahreszeiten: Frühling, Sommer, Herbst und Winter.

Wir feiern Geburtstage, Sommerfeste und noch vieles mehr.

Wenn das Kalenderjahr im Dezember mit der Advents- und Weihnachtszeit zu Ende geht, hat für uns Christen schon ein neues Jahr angefangen. Wir nennen es das „Kirchenjahr“.

Vor vielen hundert Jahren wurde festgelegt, daß das Kirchenjahr am 1. Advent mit der Vorbereitungszeit auf Jesu Geburt beginnt.

Die Feste, die wir in einem Kirchenjahr feiern, kehren immer wieder, genau so wie die Jahreszeiten. Weihnachten, Ostern und Pfingsten sind zum Beispiel kirchliche Feste.

An diesen Festen hören wir von der Geburt Jesu, von seinem Leben und seiner Botschaft. Wir erfahren von Wundern und Heilungen, von Jesu Sterben und von seiner Auferstehung. Und wir hören von den vielen Menschen, die mit Jesus lebten und ihm nachfolgten.

Das Kirchenjahr und seine Farben

Auf dem Bild rechts siehst du das Kirchenjahr als Kreis gemalt.

Große und kleine Feste haben ihren festen Platz. So ist der Heilige Abend immer am 24. Dezember. Der 1. Advent liegt vier Sonntage vor Weihnachten. Das kann Anfang Dezember sein, in anderen Jahren auch der letzte Novembersonntag.

Fast alle Feste feiern wir in der evangelischen **und** der katholischen Kirche. Einige haben nur verschiedene Namen. So heißt zum Beispiel der Trinitatis-Sonntag bei den Katholiken „Dreifaltigkeitstag".

Den Reformationstag und den Buß- und Bettag kennen wir nur in der evangelischen Kirche. Fronleichnam, Allerheiligen und Allerseelen werden dagegen nur von den Katholiken gefeiert.

Jedes Fest hat seine eigene Farbe. In dieser Farbe ist die Kirche geschmückt und auch die Kleidung des Pfarrers oder der Pfarrerin kann diese Farbe haben.

Jede Farbe hat eine besondere Bedeutung:

Weiß ist die Farbe der Freude über Jesus.

Violett bedeutet, dies ist die Zeit der Vorbereitung, der Stille und des Nachdenkens.

Rot ist die Farbe der Kraft Gottes, des Heiligen Geistes.

Grün bedeutet Wachsen und Reifen.

Welche Feste es in einem Kirchenjahr gibt und was sie bedeuten, kannst du nun auf den nächsten Seiten nachlesen.

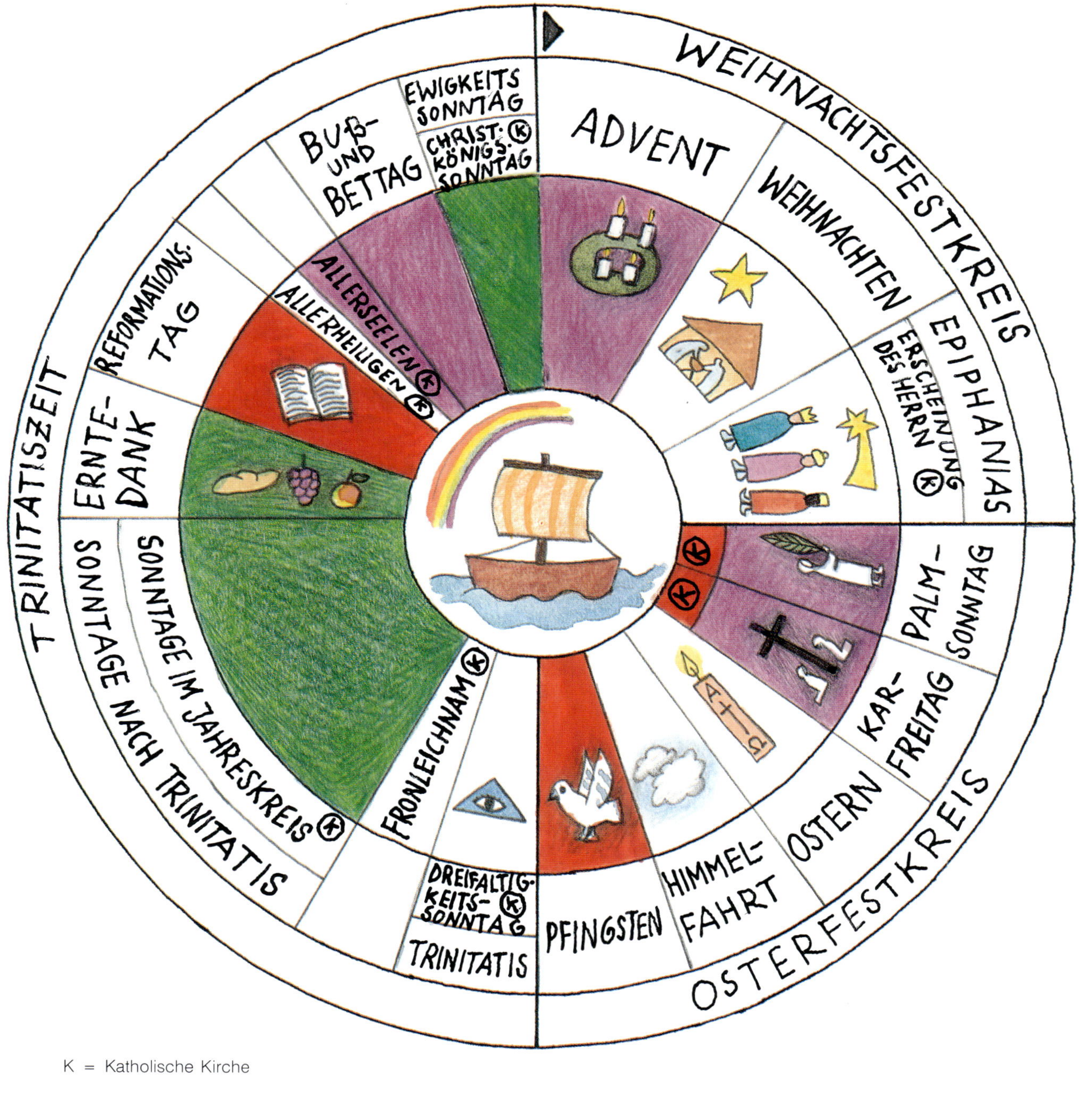

K = Katholische Kirche

Dezember

1	
2	
3	
4	
5	
6	
7	
8	
9	
10	
11	
12	
13	
14	
15	
16	
17	
18	
19	
20	
21	
22	
23	
24	
25	
26	
27	
28	
29	
30	
31	

Advent

Das lateinische Wort „Advent“ bedeutet „Ankunft“. Adventszeit nennen wir die vier Sonntage vor dem Weihnachtsfest. Es ist die Zeit der Vorbereitung auf die Geburt Jesu. Wenn du am 1. Adventssonntag in die Kirche gehst, siehst du dort oft einen Adventskranz. Er trägt vier Kerzen, für jeden Sonntag eine.

Nikolaustag

Im 4. Jahrhundert lebte in Myra in der Türkei ein Bischof mit Namen Nikolaus. Er half besonders den armen Menschen und war bei den Leuten sehr beliebt, besonders bei den Kindern. Zur Erinnerung an ihn feiern wir am 6. Dezember den Nikolaustag mit Liedern, kleinen Geschenken und bunten Tellern.

Weihnachten

Im 4. Jahrhundert feierten Christen in Rom dieses Fest zum ersten Mal.

Warum nennen wir das Fest „Weihnachten“? In alter deutscher Sprache heißt die „heilige Nacht“ übersetzt „wihe nacht“ - daraus wurde „Weihnacht“.

Am Heiligen Abend feiern wir den Geburtstag von Jesus. Er wurde in einem Stall bei der Stadt Bethlehem geboren. Die Engel verkündeten den Hirten, die auf den Feldern ihre Schafe hüteten, die Gute Nachricht:
„Gottes Sohn kommt zu euch auf die Welt.“

Da eilten sie zum Stall und beteten das Kind an.

1	
2	
3	
4	
5	
6	
7	
8	
9	
10	
11	
12	
13	
14	
15	
16	
17	
18	
19	
20	
21	
22	
23	
24	
25	
26	
27	
28	
29	
30	
31	

Epiphanias
Die Heiligen Drei Könige

Der Stern, der über dem Stall in Bethlehem stand, führte drei Männer von weit her zu Jesus. Wir nennen sie die „Heiligen Drei Könige“.

Aber es waren wohl keine Könige, sondern Sterndeuter aus dem Morgenland, die Geschenke mitbrachten: Gold, Weihrauch und Myrrhe.
Morgenland nannte man die Länder im Osten, denn dort geht am Morgen die Sonne auf.

Vielleicht hast du am 6. Januar schon einmal Kinder gesehen, die als Könige verkleidet singend von Haus zu Haus ziehen.

Der „Dreikönigstag“ heißt in der Kirche auch „Epiphanias“. Das ist ein griechisches Wort und bedeutet „Tag der Erscheinung“. Gemeint ist damit die Ankunft von Jesus in der Welt.

1	
2	
3	
4	
5	
6	
7	
8	
9	
10	
11	
12	
13	
14	
15	
16	
17	
18	
19	
20	
21	
22	
23	
24	
25	
26	
27	
28	

Aschermittwoch

Mit dem Ende des Karnevals, der in vielen Ländern der Erde gefeiert wird und kein kirchliches Fest ist, beginnt am Aschermittwoch die Fastenzeit.
Fasten bedeutet eine Zeit lang auf schöne Dinge, wie zum Beispiel Süßigkeiten, zu verzichten.

Der Aschermittwoch bekam seinen Namen durch einen alten Brauch:
Als Zeichen der Umkehr zu Gott zogen die Leute einfache Kleider an und streuten Asche auf ihr Haupt.
(kath. = Aschenkreuz)

Nach evangelischer und katholischer Zeitrechnung beginnt jetzt die Vorbereitungszeit auf das Osterfest, die vierzig Tage dauert.

Passionszeit

Wir nennen die Fastenzeit auch Passionszeit.

Passion heißt „Leiden“, und in diesen Wochen denken wir in der Kirche an das Leben Jesu vor seinem Tod.

Am Sonntag vor Ostern hören wir die Geschichte, wie Jesus in Jerusalem einzog. Er ritt auf einem Esel und wurde von den Menschen mit Palmzweigen begrüßt. Deshalb erhielt der Sonntag den Namen Palmsonntag.

Gründonnerstag

Der Tag hat seinen Namen nach dem alten Wort „gronan“, das heißt übersetzt „weinen“.
Am Gründonnerstag hören wir von Jesu Gesprächen mit seinen Freunden und von dem letzten gemeinsamen Essen mit ihnen.
Zur Erinnerung daran feiern wir heute in der Kirche das Abendmahl.

Das wünsch ich sehr

Bewegungen zum Lied

① Das wünsch ich sehr, - Hände offen nach vorne halten

② daß immer einer bei mir (dir) wär, - Alle im Kreis fassen sich an

③ der lacht und spricht - Alle schauen sich freundlich an

④ fürchte dich nicht - Alle gehen zur Mitte und heben die Hände

März

1
2
3
4
5
6
7
8
9
10
11
12
13
14
15
16
17
18
19
20
21
22
23
24
25
26
27
28
29
30
31

1	
2	
3	
4	
5	
6	
7	
8	
9	
10	
11	
12	
13	
14	
15	
16	
17	
18	
19	
20	
21	
22	
23	
24	
25	
26	
27	
28	
29	
30	

Karfreitag

Der Freitag vor Ostern heißt Karfreitag. „Kara“ ist ein altes Wort für: Klage, Trauer. An diesem Tag denken wir im Gottesdienst an Jesu Verurteilung, seine Kreuzigung und seinen Tod. Er ist ein Tag des Fastens und der Stille.

Ostern

Eine Nacht, ein Tag und noch eine Nacht vergehen, dann feiern wir am Ostersonntagmorgen die Auferstehung Jesu. Ostern ist das wichtigste und älteste Fest der Christenheit. Die Zeit der Trauer ist vorbei. Wir zünden die große Osterkerze an, singen Lieder und hören die biblische Geschichte:

Am frühen Morgen gingen die Frauen zum Grab. Aber der Stein davor war fortgerollt, und ein Engel sprach zu ihnen: „Jesus ist nicht hier. Er ist auferstanden! Geht nach Galiläa. Dort werdet ihr ihn sehen.“

Himmelfahrt

Vierzig Tage nach Ostern feiern wir das Fest Christi Himmelfahrt.
Es entstand erst 400 Jahre nach Jesu Tod und wird in der katholischen Kirche mit Prozessionen, das sind festliche Umzüge, gefeiert.
An diesem Sonntag wird diese biblische Geschichte erzählt:

Jesus begegnete nach seiner Auferstehung noch einmal seinen Freunden, so wie der Engel am Grab es gesagt hatte. Er machte ihnen Mut und sagte ihnen, daß sie mit Gottes Hilfe allen Menschen von der Liebe Gottes erzählen sollten. Danach war Jesus nicht mehr sichtbar. Die Freunde erklärten es sich so, daß er auf einer Wolke in den Himmel fuhr.

Heute sagen wir:
Jesus kehrte zurück zu Gott, aber in unseren Gedanken und Herzen ist er bei uns Menschen.

Mai

1	
2	
3	
4	
5	
6	
7	
8	
9	
10	
11	
12	
13	
14	
15	
16	
17	
18	
19	
20	
21	
22	
23	
24	
25	
26	
27	
28	
29	
30	
31	

1	
2	
3	
4	
5	
6	
7	
8	
9	
10	
11	
12	
13	
14	
15	
16	
17	
18	
19	
20	
21	
22	
23	
24	
25	
26	
27	
28	
29	
30	

Pfingsten

Pfingsten ist das Fest des Heiligen Geistes. Das Wort ist aus dem griechischen „pentecoste“, fünfzig, abgeleitet. Fünfzig Tage nach Ostern erinnern wir uns an die ersten Christen in Jerusalem:

Jesu Freunde waren zu einem Fest versammelt, als plötzlich ein Sturm das Haus erfüllte. Sie spürten die Kraft Gottes – den Heiligen Geist – und sie begannen in verschiedenen Sprachen von Jesus und Gott zu reden. Es war wie ein Wunder. Menschen aus vielen Ländern verstanden die frohe Botschaft von Jesus. Sie berichteten davon in Europa und später in der ganzen Welt.

Wir sagen heute auch: das Pfingstfest ist der „Geburtstag“ der Kirche.

Trinitatis Dreifaltigkeitssonntag

Trinitatis nennt die Evangelische Kirche den Sonntag nach Pfingsten. Trinitatis übersetzen wir mit dem Wort „Dreifaltigkeit“. So heißt der Sonntag in der Katholischen Kirche. Mit diesem Wort meinen wir Christen: Wir glauben an Gott, an Jesus und an den Heiligen Geist. Die drei sind eine Einheit. Gott zeigt sich uns in Jesus, der als Mensch auf die Welt kam. Und er zeigt sich uns durch seine Kraft – den Heiligen Geist.

Fronleichnam

Dies ist ein katholisches Fest. Der Name kommt von den alten Wörtern „fron“ für „Herr“ und „lichnam“ für „lebender Leib“ und bedeutet: der Leib des Herrn. In vielen Dörfern und Städten gibt es Prozessionen. Dabei werden Hostie (Abendmahlsbrot) und Weinkelch oder eine Monstranz zum Zeichen der Erinnerung an Jesus und sein letztes Abendmahl mit seinen Freunden mitgeführt.

Juli

1	
2	
3	
4	
5	
6	
7	
8	
9	
10	
11	
12	
13	
14	
15	
16	
17	
18	
19	
20	
21	
22	
23	
24	
25	
26	
27	
28	
29	
30	
31	

Bewahre uns, Gott.
Behüte uns, Gott.
Sei mit uns,
wie wir auch heißen.
II: Sei Anker und Land,
sei schützende Hand,
sei um uns auf allen Reisen: :II

Bewahre uns, Gott.
Behüte uns, Gott.
Sei mit uns, mit deinem Segen.
II: Dein Heiliger Geist,
der Leben verheißt,
sei um uns auf unsern Wegen. :II

August

1	
2	
3	
4	
5	
6	
7	
8	
9	
10	
11	
12	
13	
14	
15	
16	
17	
18	
19	
20	
21	
22	
23	
24	
25	
26	
27	
28	
29	
30	
31	

Nach den großen Ferien
beginnt wieder die Schule.

Für alle Kinder,
die zum ersten Mal zur Schule gehen,
ist es ein besonderer Tag.

Erinnerst du dich
an deinen ersten Schultag?

Viele Kinder gehen an diesem Tag
mit ihren Eltern, Großeltern und Paten
zum Schulanfangsgottesdienst
in die Kirche.

Sie bitten um Gottes Segen,
der die Kinder auf dem Weg zur Schule
behüten und durch die
Schulzeit begleiten soll.

September

1	
2	
3	
4	
5	
6	
7	
8	
9	
10	
11	
12	
13	
14	
15	
16	
17	
18	
19	
20	
21	
22	
23	
24	
25	
26	
27	
28	
29	
30	

1	
2	
3	
4	
5	
6	
7	
8	
9	
10	
11	
12	
13	
14	
15	
16	
17	
18	
19	
20	
21	
22	
23	
24	
25	
26	
27	
28	
29	
30	
31	

Erntedank

Am 1. Sonntag im Oktober feiern wir das Erntedankfest. Du findest die Kirche schön geschmückt mit allen Gaben, die geerntet wurden: das Korn, das Gemüse und das Obst. Wir danken für die Gaben, für Gottes Schöpfung, für die Sonne und den Regen. Gott hat uns diese Erde anvertraut, und wir sollen gut mit ihr umgehen.
Jedes Jahr zum Erntedankfest sammeln die evangelischen Kirchen Geld für die Aktion „Brot für die Welt“ und unterstützen damit Menschen in den armen Ländern; die Katholische Kirche sammelt am Missionssonntag Ende Oktober.

Reformationstag

Reformation bedeutet Erneuerung. An diesem Tag denken wir in der evangelischen Kirche an Martin Luther. Er studierte an der Universität die Bibel und predigte im Gottesdienst. Vor über 400 Jahren, am 31. Oktober 1517, am Vorabend zu Allerheiligen, schrieb er seine neuen Gedanken über Gott und die Kirche auf und schlug sie an die Tür der Schloßkirche zu Wittenberg.
Den Mächtigen der Kirche gefiel das nicht. Man verbot ihm, seine Lehre zu verbreiten und verfolgte ihn. Doch er hatte Freunde, die ihn auf einer Burg, der Wartburg, versteckten. Dort übersetzte er das Neue Testament in die deutsche Sprache. Seitdem gibt es neben der Katholischen Kirche die evangelischen Kirchen.

A Ω

1	
2	
3	
4	
5	
6	
7	
8	
9	
10	
11	
12	
13	
14	
15	
16	
17	
18	
19	
20	
21	
22	
23	
24	
25	
26	
27	
28	
29	
30	

Allerheiligen/Allerseelen

Mit dem November geht das Kirchenjahr zu Ende. Der 1. und der 2. November sind für die katholischen Christen zwei wichtige Gedenktage. Am Tag „Allerheiligen“ erinnern sie sich an die Menschen, die ganz besonders in der Nachfolge von Jesus Christus gelebt haben. Sie wurden darum oft verfolgt. Wir sagen zu diesen Menschen auch: es waren „Heilige“.

Am Tage „Allerseelen“ denken die Katholiken an alle Menschen, die gestorben sind und schmücken die Gräber mit Blumen und Lichtern.

Martinstag

Am 11. November feiern wir mit Lichterumzügen und Liedern den Martinstag. Es ist der Tag des Heiligen Martins, eines Bischofs, der im 4. Jahrhundert lebte. Man erzählt von ihm, daß er seinen Mantel mit einem frierenden Bettler teilte.

Buß- und Bettag

Am vorletzten Mittwoch des Monats versammelt sich die evangelische Gemeinde zum Buß- und Bettag-Gottesdienst.

In Liedern und Gebeten denken wir an das, was uns von Gott trennt und wo wir Unrechtes getan haben. Wir bitten ihn um Versöhnung und einen Neuanfang.

Ewigkeitssonntag/ Christkönigssonntag

Am letzten Sonntag des Kirchenjahres, den wir auch Totensonntag nennen, denken wir im Gottesdienst an die Menschen, die gestorben sind. Gott tröstet, die traurig sind, weil sie einen lieben Menschen verloren haben.

In der Katholischen Kirche heißt dieser Sonntag Christkönigssonntag.

Nun hast du alles über die Feste im Kirchenjahr gelesen.

Wie du jetzt weißt, läuft das Kirchenjahr etwas anders als das Kalenderjahr.

Unser Kalender wurde vom römischen Kaiser Julius Cäsar eingeführt. Es gibt feste und bewegliche Feiertage.

Viele Feiertage haben jedes Jahr ein anderes Datum, z. B. Himmelfahrt, Pfingsten, Fronleichnam.
Sie richten sich nach dem Termin des Osterfestes.

So feiern wir nicht Ostern jedes Jahr am gleichen Tag, sondern immer an dem Sonntag, der nach dem ersten Frühlingsvollmond kommt. Das kann mal am Ende des Monats März sein oder auch erst in der Mitte des Monats April.

Als einen kleinen Begleiter durch das Kalenderjahr findest du auf der gegenüberliegenden Seite eine Übersicht über die 12 Monate, in die du die Geburtstage in deiner Familie und die deiner Freunde eintragen kannst.

Januar	Februar	März
April	Mai	Juni
Juli	August	September
Oktober	November	Dezember

Rätsel der Feste und Bräuche

1. Erster Advent 2. Martinstag 3. Erntedank 4. Nikolaus

Hier siehst du Bilder, die zu einem bestimmten Tag oder Fest gehören. Trage die Namen unten von links nach rechts ein.
Das Lösungswort liest du von oben nach unten.

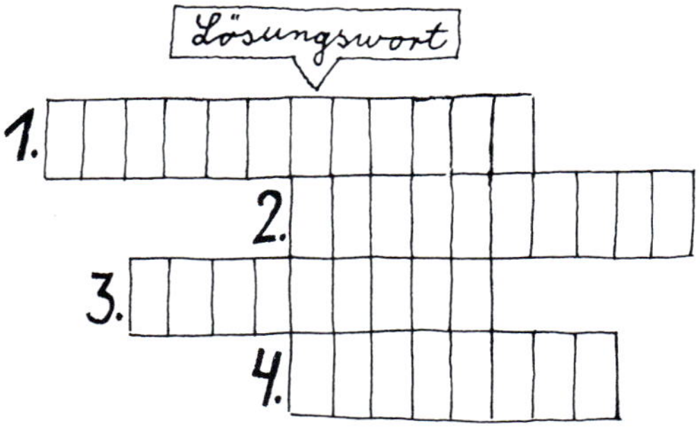

CIP-Titelaufnahme der Deutschen Bibliothek

Das **Kirchenjahr den Kindern erklärt** / von Beate Steitz-Röckener.
Mit Bildern von Andreas Röckener. –
Hamburg: Agentur des Rauhen Hauses Hamburg, 1994
ISBN 3-7600-0657-4 (Agentur des Rauhen Hauses) geh.
ISBN 3-7666-9899-0 (Butzon und Bercker) geh.
NE: Steitz-Röckener, Beate:; Röckener, Ancreas:

ISBN 3-7600-0657-4 Agentur des Rauhen Hauses Hamburg
Best.-Nr. 1 1042-5
ISBN 3-7666-9899-0 Verlag Butzon & Bercker